Curando o Coração Ferido

JOYCE MEYER

Curando o Coração Ferido

Experimente a restauração por intermédio do poder da palavra de Deus

1ª Edição

Edição publicada mediante acordo com FaithWords, New York, New York. Todos os direitos reservados.

Diretor
Lester Bello

Autora
Joyce Meyer

Título Original
Healing the brokenhearted

Tradução
Célia Regina Chazanas Clavello

Revisão
Tucha

Editoração Eletrônica
Eduardo Costa de Queiroz

Design capa (Adaptação)
Fernando Rezende / Ronald Machado

Impressão e Acabamento
Promove Artes Gráficas

bello

Rua Major Delfino de Paula, 1212
São Francisco, CEP 31.255-170
Belo Horizonte/MG - Brasil
contato@belloeditora.com
www.belloeditora.com

© 1997 Joyce Meyer
Copyright desta edição:
FaithWords

Publicado pela Bello Com. e Publicações
Ltda - ME. com devida autorização de
FaithWords, New York, New York.

Todos os direitos autorais
desta obra estão reservados.

1ª Edição - Agosto 2006
Reimpressão - Julho 2024

Meyer, Joyce, 1943 -

M612   Curando o coração ferido: experimente a restauração por intermédio do poder da palavra de Deus / Pauline Joyce Meyer; tradução de Célia Regina Chazanas Clavello - Belo Horizonte: Bello Publicações, 2015.

96 p.
Título original: Healing the brokenhearted
ISBN: 978.85.61721.23-7

1. Palavra de Deus. 2. Cura emocional.
I. Clavello, Célia Regina Chazanas. II. Título.

CDD: 234.2
CDU: 230.112

SUMÁRIO

Introdução: A palavra de Deus	7
1. Experimentando o amor de Deus	13
2. Assegurando-se do seu futuro	25
3. Conhecendo sua justiça em Cristo	37
4. Vencendo o medo em sua vida	49
Conclusão: Permaneça firme!	61
Confissões das Escrituras:	63
Introdução: A Palavra de Deus	63
O amor de Deus	65
Seu futuro	71
Sua justiça em Cristo	76
Vencendo o medo	81
Permaneça firme!	87
Referências	89
Sobre a Autora	91

Introdução:
A palavra de Deus

Enviou-lhes a sua palavra, e os sarou, e os livrou do que lhes era mortal (do abismo e da destruição).

Salmos 107. 20

A Palavra de Deus nos cura e nos resgata. Ela também transforma nossa vida.

A Palavra de Deus o transformará.

No Salmo 1.1-3, Davi escreveu que a pessoa que medita na Palavra de dia e de noite se tornará firmemente plantada como uma árvore, e tudo o que ela fizer prosperará. Ser firmemente plantado é ser estável. Você pode ser estável, e tudo o que fizer pode prosperar. O caminho é meditar na Palavra de Deus.

Meditar na Palavra significa trazê-la sempre à sua mente, ponderar e pensar a respeito dela, murmurá-la a si mesmo, como o Senhor ordenou a seu servo Josué:

Não cesses de falar deste Livro da Lei; antes, medita nele dia e noite, para que tenhas cuidado de fazer segundo tudo quanto nele está escrito; então, farás prosperar o teu caminho (agirás sabiamente) e serás bem-sucedido.

Josué 1.8

Em Deuteronômio 30.14, lemos: *Pois esta palavra está mui perto de ti, na tua boca (na tua mente) e no teu coração, para a cumprires.*

Em Isaías 55.11 o Senhor nos promete: *Assim será a palavra que sair da minha boca: não voltará para mim vazia (sem produzir qualquer efeito, inutilmente), mas fará o que me apraz (minha vontade e propósito) e prosperará naquilo para o qual a designei.*

Em 2 Coríntios 3.18, o apóstolo Paulo nos ensina que ao contemplarmos a glória do Senhor, em sua Palavra, somos transformados. Parte de contemplar a glória do Senhor consiste em conhecer o glorioso plano que Ele tem para nós e crer nisso.

Deus nos ama e tem um plano perfeito e glorioso para nossa vida. No primeiro capítulo de Efésios, Paulo diz que Deus delineou todo o plano da salvação por intermédio de Cristo para satisfazer o intenso amor com que Ele nos amou. Isso significa que por causa desse amor Ele planejou uma vida maravilhosa e gloriosa para você. Você precisa crer nisso e confessar essa verdade.

O diabo tem tentado minar o plano de Deus. Ele tem trabalhado incansavelmente para que você se sinta indigno. Por quê? Porque ele não quer que você nem mesmo creia que é amado intensamente por Deus. Satanás sabe que, ao ouvir a Palavra de Deus freqüentemente e permitir que ela se torne parte de sua vida e do seu sistema de pensamento, isso o transformará. E ele não quer que isso aconteça.

Eis por que escrevi este livro. Ele contém versículos, por meio dos quais considero que sua auto-imagem será transformada, mudando, assim, tanto o seu presente quanto o seu futuro.

De acordo com a Bíblia, você foi criado à imagem de Deus. (Gênesis 1.27.) Crer no que Deus diz sobre você muda sua atitude e sua opinião a respeito de si mesmo. Pergunte-se: "O que penso de mim mesmo? Qual é a minha opinião a meu respeito"? Em seguida, pense: "O que Deus pensa de mim? Qual é a sua opinião a meu respeito"?

O que Deus pensa e diz sobre você encontrado-se em Sua Palavra. As confissões baseadas na Bíblia contidas neste livro farão com que você entre em concordância com Deus, em vez de concordar com aquilo que o inimigo diz a seu respeito. Talvez o inimigo tenha lhe mentido durante toda sua vida, e você acreditou nele. Agora você tem de acreditar em Deus.

Em João 17.17, Jesus disse que a Palavra de Deus é a verdade; e em João 8.32 Ele disse que a verdade nos libertará. Não somente a Palavra de Deus, a Palavra da verdade, nos libertará; mas também mudará nossa aparência e nossa natureza. Eis por que você precisa lê-la, estudá-la, meditar sobre ela, permitindo que ela entre dentro de você.

Em Cristo você pode ser confiante, alegre, mais que vencedor, fiel, um amigo de Deus, alguém que busca a face do Senhor.[1]

Confesse a respeito de si mesmo o que Deus diz sobre você em Sua Palavra. À medida que você faz isso, Deus começará a trabalhar em sua vida. Ele curará seu coração quebrantado, transformando você de alguém ferido e amedrontado em um amigo fiel, que ama ao Senhor e a quem Ele também ama muito.

Em Isaías 61.3, lemos:

> *O Espírito do Senhor Deus está sobre mim, porque o Senhor me ungiu e me qualificou para pregar o Evangelho das boas-novas aos humildes, aos pobres e aflitos; Ele enviou-me a por ligaduras e a curar os quebrantados de coração; a proclamar libertação*

---

[1] Baseado na canção *I Will Change Your Name*, letra e música de B. J. Butler. Mercy Publishing.

aos cativos [físicos e espirituais] e a abertura das prisões e dos olhos daqueles que estão algemados;

A proclamar o ano aceitável do Senhor [o ano do Seu favor] e o dia da vingança do nosso Deus; a consolar todos os que choram, e a pôr [consolação e alegria] sobre os que em Sião estão de luto um ornamento de beleza (uma grinalda ou diadema) em vez de cinzas, óleo de alegria, em vez de pranto, veste [expressiva] de louvor, em vez de espírito enfraquecido, oprimido e abatido – a fim de que se chamem carvalhos de justiça [imponentes, fortes e suntuosos, destacados pela retidão, justiça e postura correta com Deus], plantados pelo Senhor para que Ele possa ser glorificado.

Sim, Deus está mudando você, seu caráter, sua vida. Deus o ama. Você é uma pessoa especial. O inimigo não quer que você se sinta amado. Mas Deus, sim.

Nas páginas seguintes, você aprenderá não somente como assegurar-se do amor de Deus, mas também a não temer o futuro, a conhecer sua justiça (porque você está em Cristo) e a vencer o medo que tenta roubá-lo de todas as bênçãos que Deus deseja derramar como parte do plano maravilhoso que Ele tem para você.

Deus o abençoe à medida que você aprender a declarar a sua Palavra, que não voltará para Ele vazia, mas cumprirá a vontade e o propósito divinos em sua vida!

1

EXPERIMENTANDO O AMOR DE DEUS

Em todas estas coisas, porém, somos mais que vencedores (e obtemos uma vitória insuperável), por meio daquele que nos amou.

Porque eu estou bem certo (sem dúvida alguma) de que nem a morte, nem a vida, nem os anjos, nem os principados, nem as coisas do presente (iminentes e ameaçadoras), nem do porvir, nem os poderes, nem a altura, nem a profundidade, nem qualquer outra criatura poderá separar-nos do amor de Deus, que está em Cristo Jesus, nosso Senhor.

Romanos 8.37-39

Nessa passagem, o Apóstolo Paulo assegura que a despeito do que possa vir contra nós nesta vida, uma vitória insuperável nos pertence por meio de Cristo, que nos amou o bastante para dar sua vida por nós.

Em João 3.16, o próprio Jesus diz: *Porque Deus amou (e afetuosamente valorizou) ao mundo de tal maneira que (até mesmo) deu o seu Filho unigênito, para que todo o que nele crê (apega-se, conta com, confia) não pereça (seja destruído, perca-se), mas tenha a vida eterna (vida permanente).*

Jesus o ama de forma pessoal, e o ama tanto que teria dado a vida por você mesmo que você fosse a única pessoa nesta terra.

João, o discípulo amado, nos diz: *No amor não existe medo [temor não existe]; antes, o perfeito (completo, pleno) amor lança fora o medo (expulsa todo vestígio de terror). Ora, o medo produz tormento (o pensamento de punição); logo, aquele que teme não é aperfeiçoado no amor [não alcançou a plena maturidade, ainda não cresceu até atingir a completa perfeição do amor].* (1 João 4.18.)

Quando temos medo em nosso coração, isso é sinal de que ainda nos falta o conhecimento do quanto Deus nos ama. Se você conhece a magnitude do amor de Deus, isso fará todos os seus medos desaparecerem.

Em João 16.27, Jesus disse: *Porque o próprio Pai [ternamente] vos ama, visto que me tendes amado e tendes crido que eu vim da parte de Deus.*

É difícil crer que Deus se importa tanto com sua vida?

Por muitos anos, fui incapaz de receber o amor de Deus por mim, pois pensava que não era digna do Seu amor. Mas agora sei que Ele me ama, embora eu ainda seja imperfeita.

Em João 14.21, Jesus nos lembra: *Aquele que tem os meus mandamentos e os guarda, esse é o que [realmente] me ama; e aquele que [realmente] me ama será amado por meu Pai, e eu também o amarei e me manifestarei [me mostrarei, revelarei] a ele [Serei claramente visto e me tornarei real a ele].*

Jesus quer tornar-Se real para você.

A obediência é fruto do verdadeiro amor, mas você nunca será capaz de amar a Deus o bastante para obedecer-Lhe, a menos que primeiramente receba o amor dEle por você.

Você não consegue merecer esse amor. Você não pode comprá-lo com boas obras ou por meio de um bom comportamento.

O amor de Deus é um dom gratuito; é incondicional. Esse amor está disponível a nós por meio do sacrifício que Jesus fez quando morreu por nós na cruz. Receba o amor de Deus agora mesmo. Entre em sua presença e Lhe diga: "Creio que o Senhor me ama e receberei o Teu amor, Senhor".

Em 1 João 4.19, lemos: *Nós (o) amamos porque Ele nos amou primeiro.* Talvez você esteja tentando inverter essa ordem, como fiz durante muitos anos. Talvez tenha tentado amar a Deus e fazer o suficiente de forma que Ele também pudesse amá-lo. Novamente, observe o texto de 1 João 4.19: *Nós (o) amamos porque Ele nos amou primeiro.*

Davi estava confiante no amor de Deus quando disse no Salmo 36.7: *Como é preciosa, ó Deus, a tua benignidade! Por isso, os filhos dos homens se acolhem (se refugiam, colocam sua confiança) à sombra das tuas asas.*

Gostaria de compartilhar com você passagens do Salmo 139. Davi tinha uma forma especial de comunicar-se com Deus, e faríamos bem em seguir seu exemplo. Confesse com sua boca as palavras desse Salmo:

> *Senhor, tu me sondas (examinas meu coração) e me conheces (sabes tudo a meu respeito).*
>
> *Sabes quando me assento e quando me levanto; de longe penetras os meus pensamentos.*
>
> *Esquadrinhas o meu andar e o meu deitar e conheces todos os meus caminhos.*
>
> *Ainda a palavra me não chegou à língua, e tu, Senhor, já a conheces toda.*
>
> *Tu me cercas por trás e por diante e sobre mim pões a mão (abençoadora).*
>
> *Tal conhecimento é maravilhoso (e glorioso) demais para mim: é sobremodo elevado, não o posso atingir.*
>
> *Para onde me ausentarei do teu Espírito? Para onde fugirei da tua face?*

Quão preciosos para mim, ó Deus, são os teus pensamentos (Quão precioso é saber que Tu pensas sobre mim constantemente)! E como é grande a soma deles.

Se os contasse, excedem os grãos de areia; contaria, contaria, sem jamais chegar ao fim.

(Não posso calcular quantas vezes por dia pensas em mim! Quando desperto pela manhã, ainda estás pensando em mim.)

Salmos 139.1-7;17-18

Isso é algo poderoso!

O profeta Isaías nos diz que Deus está esperando para ser bondoso conosco: *Por isso, o Senhor [intensamente] espera [aguardando, procurando, desejando], para ter misericórdia de vós [ser gracioso convosco, e mostrar-se benigno], e se detém, para se compadecer de vós, porque o Senhor é Deus de justiça; bem-aventurados [felizes, afortunados, admirados] todos os que nele esperam [determinadamente] (aqueles que aguardam, procuram e desejam sua vitória, favor, amor, paz, alegria e sua inigualável e infalível companhia). (Isaías 30.18.)*

Pense sobre isso. Deus quer passar tempo com você porque Ele o ama e porque você é especial para Ele.

Deus o ama tanto que Ele numera e registra seus passos. Ele coloca suas lágrimas num odre e as anota em Seu livro. (Salmos 56.8.)

Em João 14.18, Jesus disse aos seus discípulos: *Não vos deixarei órfãos [desconsolados, desolados, desamparados, abandonados, sem ajuda], voltarei para vós outros.*

No Salmo 27.10, Davi escreveu: *Porque, se meu pai e minha mãe me desampararem, o Senhor me acolherá [adotando-me como seu filho].*

Talvez você sinta falta do amor natural que cada pessoa deseja e busca; talvez até sua própria família o tenha abandonado. Deus quer que você entenda hoje que o amor dEle por você é tão forte, tão poderoso e tão tremendo que ultrapassa a falta do amor de qualquer outra pessoa. Deixe que Ele o conforte e cure seu coração quebrantado.

Você foi adotado na família de Deus. Você é filho dEle, e Ele o ama.

Em Efésios 3. 17-19, o apóstolo Paulo orou por você e por mim:

> *[Que possais realmente vir a] conhecer [de forma prática, experimentando-o por vós mesmos] o amor de Cristo, que excede todo entendimento [sem experiência prática], para que sejais tomados [através de todo seu ser] de toda a plenitude de Deus [possais ter a mais rica medida da presença divina. E tornar-se um corpo totalmente cheio e transbordante do próprio Deus]!*

Sim, Deus o ama e está cuidando de você. Ele está vendo você a cada momento. Isaías 49.16 diz que Ele tem seu retrato impresso e tatuado nas palmas das suas mãos.

Em João 15.9, Jesus disse: *Como o Pai me amou, também eu vos amei; permanecei no meu amor.*

Quanto Deus o ama?

Ninguém tem maior amor do que este [ninguém tem demonstrado maior afeição]: de dar alguém [abrir mão da] a própria vida em favor dos seus amigos.

João 15.13

Não há maior amor por você do que esse.

Jesus quer ser seu amigo. Ele deu sua vida para mostrar a você o quanto o ama.

Em Romanos 5.6, Paulo nos lembra: *Porque Cristo, quando nós ainda éramos fracos (sem poder para socorrer a nós mesmos/, morreu a seu tempo pelos ímpios.*

No momento certo, Deus mostrou seu grande amor por nós ao enviar Cristo para morrer em nosso lugar enquanto ainda éramos pecadores.

Então, no versículo 7, Paulo prossegue dizendo: *Dificilmente, alguém morreria por um justo; pois poderá ser que pelo bom (nobre, louvável e benfeitor) alguém se anime a morrer.*

Finalmente, no versículo 8, Paulo conclui: *Mas Deus prova (mostra claramente) o seu próprio amor para conosco pelo fato de ter Cristo (o Messias, o Ungido) morrido por nós, sendo nós ainda pecadores.*

Oh, meu amigo, Deus o ama tanto! O Espírito Santo está tentando revelar o amor de Deus por você. Abra seu coração e receba esse amor. Ele o aceita como você está. Ele nunca o rejeita e nunca o condena. (João 3.18.)

Em Efésios 1.6, Paulo escreve que fomos aceitáveis a Deus por intermédio do Amado, o Senhor Jesus Cristo. Mas nossa habilidade para ser perfeito não é o que nos torna aceitáveis. É somente por intermédio de Cristo que somos justos o suficiente para nos aproximarmos do Pai.

Deus derramou sua bondade abundantemente sobre nós, como a Bíblia diz em Efésios 1.7 (TLB), e, portanto, *Ele remiu nossos pecados através do sangue de seu filho, por meio de quem somos salvos, e mostrou sobre nós as riquezas de sua graça, pois Ele nos compreende bem e sabe o que é melhor para nós em todos os momentos.*

E em Isaías 54.10, lemos: *Porque os montes se retirarão, e os outeiros serão removidos; mas a minha misericórdia (e benignidade) não se apartará de ti, e a aliança da minha paz (e perfeição) não será removida, diz o Senhor, que se compadece de ti.*

Em 1 Corintios 1.9, Paulo nos lembra que *fiel é Deus (confiável, leal, e portanto, verdadeiro em sua promessa, e podemos nos apoiar nele)...* Ele prometeu que nunca o rejeitará enquanto você crer em Cristo e também que o amará e manterá suas promessas.

Em João 17.9-10, Jesus disse que está orando por você porque você Lhe pertence. Você foi dado a Ele por Deus, e Ele é glorificado em sua vida.

Deus o ama, receba esse amor.

Confesse como o salmista Davi:

> *Bendize (afetuosamente, louve grandemente), ó minha alma, ao Senhor, e tudo o que há [profundamente] em mim bendiga ao seu santo nome.*
>
> *Bendize (afetuosamente, louve grandemente), ó minha alma, ao Senhor, e não te esqueças de nem um só de seus benefícios.*
>
> *Ele é quem perdoa todas as tuas iniqüidades; quem sara todas as tuas enfermidades; quem da cova (abismo e corrupção) redime a tua vida e te coroa (embeleza, dignifica) de graça e misericórdia; quem farta de bens (enche tua vida de boas coisas) a tua velhice, de sorte que tua mocidade se renova como a da águia.*
>
> *O Senhor faz justiça e julga a todos os oprimidos (faz justiça a todos que são tratados injustamente).*
>
> *O Senhor é misericordioso (diante daqueles que não o merecem) e compassivo; longânimo e assaz benigno.*

Pois quanto o céu se alteia acima da terra, assim é grande a sua misericórdia para com os que o temem.

Quanto dista o Oriente do Ocidente, assim Ele afasta de nós as nossas transgressões.

Como um pai se compadece de seus filhos, assim o Senhor se compadece dos que o temem.

Mas a misericórdia do Senhor é de eternidade a eternidade, sobre os que o temem...

Salmos 103. 5-6; 8-9; 11-13.

Novamente, Davi nos diz no Salmo 32.10: *Mas o que confia no Senhor, a misericórdia (o amor permanente) o assistirá.*

E no Salmo 34.1-8, ele escreve:

Louvarei o Senhor em todo o tempo (não importa o que aconteça), o seu louvor estará sempre nos meus lábios (falarei constantemente de sua glória e graça).

Gloriar-se-á no Senhor a minha alma; os humildes o ouvirão e se alegrarão.

Engrandecei o Senhor comigo, e todos, juntos, lhe exaltemos o nome.

Busquei o Senhor, e ele me acolheu; livrou-me de todos os meus temores.

Contemplai-o e sereis iluminados, e o vosso rosto jamais sofrerá vexame.

Clamou este aflito, e o Senhor o ouviu e o livrou de todas as suas tribulações.

*O anjo do Senhor acampa-se ao redor dos que o te-
mem e os livra.*

*Oh! Provai e vede que o Senhor é bom; bem-aventu-
rado o homem que nele se refugia.*

Pedro nos diz que o amor cobre multidão de pecados. (1 Pedro 4.8.) O amor de Deus está cobrindo sua vida. Viva debaixo dessa cobertura. Deixe-o abençoar sua vida. Confesse várias vezes ao dia: "Deus me ama".

Medite sobre os versículos das Escrituras mencionados neste capítulo, e essa atitude de obediência da sua parte o ajudará a receber do Senhor o que Ele deseja lhe dar: a segurança do seu abundante e permanente amor.

2

❦

ASSEGURANDO-SE DO
SEU FUTURO

Agora eu gostaria de compartilhar com você alguns versículos sobre o grande futuro que Deus planejou para sua vida. Quero que você saiba que é alguém precioso e que Deus tinha um propósito especial em mente quando o criou.

Na canção intitulada *I Have a Destiny* (Tenho um Destino), o compositor declara que ele tem um destino e sabe que isso se cumprirá, pois é algo planejado para ele por Deus, que o escolheu e está trabalhando poderosamente por intermédio do seu Espírito em sua vida. A canção termina com uma tremenda confissão: "Eu tenho um destino, e não se trata de uma ilusão porque sei que nasci para este tempo, para este tempo, para um tempo como este".[2]

---

[2] *People of Destiny*. Word Music. Todos os direitos reservados; usado sob permissão.

E quanto a você? Como imagina que será seu futuro?

Deus quer que você seja cheio de esperança, e o diabo quer que você seja cheio de desesperança. Deus quer que você espere que coisas boas aconteçam em sua vida cada dia. Satanás também quer que você espere, mas que espere destruição e desolação.

O escritor de Provérbios 15.15 diz: *Todos os dias do aflito (e desesperado) são maus (devido a pensamentos angustiantes e maus pressentimentos), mas a alegria do coração é (aquele que tem um coração satisfeito tem) banquete contínuo (a despeito das circunstâncias).*

Maus pressentimentos constituem simplesmente a expectativa de que coisas ruins acontecerão. Esse versículo claramente declara que é por meio desses maus pressentimentos que nossos dias terminam cheios de aflição.

No Salmo 27.13, Davi escreve: *(O que, que seria de mim se eu não cresse?) Mas Eu creio que verei a bondade do Senhor na terra dos viventes.* No versículo seguinte, ele nos encoraja: *Espera (aguarda e tenha expectativas) pelo Senhor, tem bom ânimo, e fortifique-se o teu coração; espera (aguarda e anseia), pois, pelo Senhor.*

Em Jeremias 29.11, o Senhor revela sua intenção para nossa vida: *Eu é que sei que pensamentos (e planos) tenho a vosso respeito, diz o Senhor; pensamentos (e planos) de paz e não de mal, para vos dar o fim que desejais.*

Lembre-se de que o diabo quer que você não tenha esperança. Ele quer que você veja as coisas sem esperança, pense sem esperança, fale sem esperança e aja sem esperança.

Mas preste atenção nas palavras poderosas escritas por Davi no Salmo 42.11: *Por que estás abatida, ó minha alma? Por que te perturbas (e te inquietas dentro de mim?). Espera em Deus (e aguarde com expectativa), pois ainda o louvarei, a Ele, meu auxílio e Deus meu.*

Ter versículos das Escrituras como esses guardados em seu coração vai ajudá-lo a ser cheio de esperança e de alegre expectativa. Você verá, pensará, falará e agirá com esperança.

Em Romanos 5. 5, o apóstolo Paulo nos diz: *Ora, a esperança não confunde (não desilude, desaponta ou nos envergonha) porque o amor de Deus é derramado em nosso coração pelo Espírito Santo, que nos foi outorgado.*

Em outras palavras, sabemos que Deus nos ama porque o Espírito Santo assim nos ensina. Colocamos a esperança em Deus porque estamos certos de que Ele nos ama e tem um grande futuro planejado para nós. E quando a nossa esperança e a nossa expectativa estão nele, nunca terminaremos desapontados, desiludidos ou envergonhados.

No Salmo 84.11, lemos: *Porque o Senhor Deus é sol e escudo; o Senhor dá graça e glória; nenhum bem sonega aos que andam retamente.*

Em Filipenses 1.6, Paulo nos assegura: *E estou convencido e certo disso mesmo, que aquele que começou uma boa obra em vós a continuará até o dia de Jesus Cristo [até o momento da sua volta], desenvolvendo [essa boa obra], aperfeiçoando-a e levando-a até à plena consumação em vós.* (Filipenses 1.6.)

Em Efésios 2.10, Paulo explica a razão para tal segurança:

> *Pois somos feitura dele, criados em Cristo Jesus para boas obras, as quais Deus de antemão (planejou) preparou para que andássemos (seguindo o caminho que Ele traçou) nelas [vivendo a vida que Ele preordenou e preparou para vivermos].*

Mas você pode estar se perguntando: Se Deus tem um plano perfeito para mim, quando poderei experimentá-lo?

A resposta está escrita em Eclesiastes 3.17: *... há tempo (designado) para todo propósito e para toda obra.*

Deus fará acontecer Seu plano e Seu propósito em sua vida no tempo dEle. Sua parte é simplesmente fazer o Pedro sugere, ou seja, humilhar-se sob a potente mão de Deus para que, no devido tempo, Ele possa exaltá-lo. (1 Pedro 5.6.)

Em Habacuque 2.2, o Senhor deu ao seu profeta uma visão do seu plano para o futuro, ordenando-lhe que escrevesse de tal forma que todos pudessem lê-la. Mas, no versículo seguinte, Ele prossegue: *Porque a visão ainda está para cumprir-se no tempo determinado (essas coisas que Eu planejei não acontecerão agora. De forma lenta, calma e segura se aproxima o tempo quando a visão se cumprirá), mas se apressa para o fim e não falhará; se tardar, espera-o (seja paciente), porque, certamente, virá, não falhará (não se atrasará um só dia).*

O escritor de Hebreus 6.18-9 diz que essas coisas foram escritas para que *forte alento tenhamos nós que já corremos para o refúgio, a fim de lançar mão da esperança proposta; a qual temos por âncora da alma, segura e firme e que penetra além do véu.*

E Paulo disse que *sabemos que todas as coisas cooperam para o bem daqueles que amam a Deus, daqueles que são chamados segundo o seu propósito.* (Romanos 8.28.)

Posteriormente, em sua carta à igreja em Éfeso, Paulo nos lembra que temos um propósito: *Ora, àquele que é poderoso (em conseqüência da ação de seu poder que opera em nós) para fazer [cumprir seu propósito] infinitamente mais (superabundantemente além e acima) do que tudo quanto (ousadamente) pedimos ou pensamos, conforme o seu poder que opera em nós [infinitamente além de nossas orações, desejos, pensamentos, esperanças ou sonhos mais elevados].* (Efésios 3.20.)

Deus quer que estejamos cheios de esperança porque Ele está pronto a fazer coisas maiores do que você é capaz de imaginar. Contudo, se você estiver em desespero, como o diabo quer que esteja, então não fará a parte que Deus lhe pediu para fazer, a qual é colocar sua esperança e expectativa nEle, crendo que Ele tem um plano perfeito para sua vida e confiando que esse plano se cumprirá.

Em Efésios 1.11, Paulo diz do Senhor Jesus Cristo: *Nele, digo, no qual fomos também feitos herança (de Deus e também obtivemos uma herança), predestinados (escolhidos e designados de antemão) segundo o propósito daquele que faz todas as coisas conforme o conselho da sua vontade.*

Lembre-se do mandamento que Deus deu ao seu servo Josué (Josué 1. 8): *Não cesses de falar deste Livro da Lei; antes, medita nele dia e noite, para que tenhas cuidado de fazer segundo tudo quanto nele está escrito; então, farás prosperar o teu caminho (agirás sabiamente) e serás bem-sucedido.*

Lembre-se também de Deuteronômio 30.14, que diz: *Pois esta palavra está mui perto de ti, na tua boca e no teu coração, para a cumprires.*

Em Isaías 55. 11, o Senhor nos mostra como confessar sua Palavra nos ajuda a fazer com que seu propósito se cumpra em nossa vida: *Assim será a palavra que sair da minha boca: não voltará para mim vazia (sem produzir qualquer efeito, inutilmente), mas fará o que me apraz (em vontade e propósito) e prosperará naquilo para que o designei.*

Dê sua boca a Deus e deixe que ela se torne a boca do Senhor. Comece a falar a Palavra do Senhor, porque Ele tem um bom futuro, um bom propósito e um plano perfeito para sua vida. Fale em concordância com Deus, e não com o inimigo.

Lembre-se de que cada um de nós tem um propósito divino.

Como você pensa que será seu futuro? O diabo quer que você pense que vai piorar, em vez de melhorar. Ele quer que você medite sobre quanto falta avançar, e não sobre quanto já alcançou.

Você está se sentindo frustrado consigo mesmo, pensando que nunca mudará? Tenha esperança, Deus está transformando você o tempo todo. Sua Palavra está trabalhando poderosamente em sua vida.

Deuteronômio 7.22 nos lembra que Deus nos ajudará a derrotar nossos inimigos pouco a pouco.

Em 2 Corintios 3.18 Paulo diz que, ao contemplarmos o Senhor em sua Palavra, somos constantemente transfigurados e mudados à sua imagem, e isso acontece *de um degrau de glória a outro*.

Então, em Romanos 12.2, lemos que somos transformados pela total renovação de nossa mente e, por intermédio desses novos pensamentos, ideais e atitudes, provamos qual é a *boa, agradável e perfeita vontade de Deus, aquilo que é bom, aceitável e perfeito (aos olhos de Deus para nós)*.

Em Colossenses 1.27, Paulo declara que o mistério oculto pelos séculos é Cristo em nós, a esperança da glória. Seu Pai celestial o vê glorificado. Ele tem tal visão gloriosa a seu respeito que enviou seu Espírito para habitar em você, para assegurar-se de que isso acontecerá.

Eu defino a palavra "glória" como uma manifestação de toda a excelência do nosso Deus. Coloque sua esperança nEle e creia que todos esses versículos são para você.

Aprenda a fazer confissões positivas, cheias de fé, baseadas na Palavra. Diga em voz alta: "Eu estou sendo transformado à imagem de Deus, de um degrau de glória a outro". (2 Coríntios 3.18.) "Cristo em mim é a esperança de ser cada dia mais glorioso. O Espírito de Deus está me transformando diariamente, pouco a pouco. Minha vida tem propósito. Deus tem um plano perfeito para mim".

Lembre-se que, de acordo com Romanos 4.17, servimos a um Deus que "chama" essas coisas que não são como se já fossem.

O que Deus diz a nosso respeito em sua Palavra?

> *Vós, porém, sois raça eleita, sacerdócio real, nação santa, povo de propriedade exclusiva de Deus, a fim de proclamardes as virtudes daquele que vos chamou das trevas para a sua maravilhosa luz.*
>
> 1 Pedro 2.9

Deus pretende mostrar, manifestar, trazer à tona, de forma que possam ser vistas, as maravilhosas obras, virtudes e perfeições que Ele planejou para você.

Aprenda a dizer: "Fui chamado das trevas para a gloriosa luz do Senhor".

Ter uma auto-imagem pobre é treva. Não gostar de si mesmo é treva. Pensar que você não tem valor ou dignidade é treva.

Em Malaquias 3.17, aprendemos que somos o tesouro do Senhor, sua possessão especial, seu tesouro particular. Sim, você é precioso e tem um propósito. Você tem um destino, Deus tem um grande plano para sua vida. Você tem uma parte a desempenhar na história, mas deve crer nisso para poder recebê-lo.

Mas você pode dizer: "Mas, Joyce, falhei muitas vezes. Tenho cometido muitos erros. Sei que tenho desapontado a Deus".

Em Filipenses 3.13-14, Paulo admitiu que ele não tinha chegado ainda à perfeição, mas também confessou que não desistiria:

> *Irmãos, quanto a mim, não julgo havê-lo alcançado [ainda]; mas uma coisa faço [é minha aspiração]: esquecendo-me das coisas que para trás ficam e avançando para as que diante de mim estão,prossigo para o alvo, para o prêmio da (suprema e celestial) soberana vocação de Deus em Cristo Jesus.*

Deus tem um plano perfeito para sua vida. Não viva no passado. Ouça a Palavra de Deus registrada em Isaías 43.18-19:

> *Não vos lembreis (severamente) das coisas passadas, nem considereis as antigas. Eis que faço coisa nova, que está saindo à luz; porventura, não o percebeis (não a reconheceis, nem atentais para isso)? Eis que porei um caminho no deserto e rios, no ermo.*

Finalmente, ouça o que Deus está lhe dizendo em Isaías 43. 25: *Eu, eu mesmo, sou o que apago (e cancelo) as tuas transgressões por amor de mim e dos teus pecados não me lembro.*

Deus deseja muito que você se torne tudo o que Ele planejou para sua vida. Ele quer que você desfrute a plenitude da boa vida que Ele planejou. Ele deseja, por intermédio da sua graça e misericórdia, remover tudo que você tem feito de errado no passado. Ele até já fez provisão para todos os erros que você possa cometer no futuro.

Você não tem de viver com remorso pelo passado nem com medo do futuro. Deus deseja ajudá-lo da forma que você precisar.

Em Isaías 40.31, Ele promete: *... os que esperam (têm expectativa, buscam e tem esperanças) no Senhor (são transformados) renovam as suas forças (e poder), sobem com asas como águias, correm e não se cansam, caminham e não se fatigam.*

Essa é a maravilhosa segurança do amor permanente de Deus e da sua milagrosa provisão para cada necessidade que você enfrentar nos dias futuros.

Arme-se das maravilhosas promessas e planos preciosos do Senhor, enfrente o futuro com esperança e confiança, crendo que Ele é poderoso para cumprir o que prometeu. (Romanos 4.21.)

Não olhe para trás, olhe para frente. Permaneça em fé.

Lembre-se: você tem um propósito divino a cumprir!

3

❧

CONHECENDO SUA JUSTIÇA EM CRISTO

Agora eu gostaria de compartilhar com você alguns versículos das Escrituras sobre a justiça.

Há um cântico chamado *I Have Been Made The Righteousness of God* (Fui Feito à Justiça de Deus) que fala sobre sermos adotado na própria família de Deus e nos colocarmos diante de seu trono como um membro da realeza, aperfeiçoados em Jesus e co-herdeiros com Ele, sem pecado, comprados pelo seu precioso sangue.[3]

Você é a justiça de Deus em Jesus Cristo, como Paulo escreveu em 2 Coríntios 5.21: *Por nossa causa Ele fez Cristo tornar-se [virtualmente] pecado, Aquele que não conheceu pecado, para que nele e através dele nós pudéssemos*

---

[3] Letra e música de Chris Sellmeyer. Life in The Word Inc.,1992.

tornar-nos [dotados, visto como sendo, e exemplos da] justiça de Deus [o que nós devemos ser, aprovados e aceitáveis e em correto relacionamento com Ele, pela sua bondade].

O Salmo 48.10 diz do Senhor: *Como o teu nome, ó Deus, assim o teu louvor se estende até aos confins da terra; a tua destra está cheia de justiça.*

A mão de Deus está estendida a você, cheia de justiça.

Em 1 Coríntios 1.8, o apóstolo Paulo lhe assegura: *O qual também vos confirmará [vos manterá estáveis, vos fortalecerá e garantirá sua causa. Ele será vossa garantia contra toda a acusação] até ao fim, para serdes irrepreensíveis (e inculpáveis) no Dia de nosso Senhor Jesus Cristo (o Messias).*

Mas o que isso significa? Significa que Deus nos vê na posição correta neste exato momento. Hoje Ele o tem onde quer que você esteja. Ele está pronto a defendê-lo das mentiras de Satanás, o acusador dos irmãos. (Apocalipse 12.10.)

Se você tem colocado sua confiança em Jesus, Deus não o vê como culpado. Ele deseja provar sua inocência.

No Sermão do Monte, Jesus disse aos seus seguidores: *Bem-aventurados (afortunados, felizes e espiritualmente prósperos) (naquele estado no qual um filho nascido de novo de Deus desfruta de seu favor e salvação) os que têm fome e sede de justiça (da retidão e da posição correta diante de Deus), porque serão fartos.* (Mateus 5.6.)

De acordo com Jesus, como um filho de Deus nascido de novo, você é destinado a viver num estado no qual pode desfrutar o favor de Deus. Você tem o direito de desfrutar a vida. Esse é um dom de Deus para você.

Comece a confessar isto: "Eu sou a justiça de Deus em Jesus Cristo".

Talvez você tenha carregado o peso de tentar tornar-se justo pelo seu próprio esforço diante de Deus. Essa não é a maneira certa de a justiça acontecer. A justiça, assim como a salvação, não é uma obra, é um dom. Desista de seus esforços e aprenda a confiar em Deus para Ele lhe transfira a justiça de Cristo.

Confia os teus cuidados ao Senhor [transferindo a Ele teus pesos], e ele te susterá; jamais permitirá que o [consistentemente] justo seja abalado (desvie-se, falhe ou caia). (Salmos 55.22.)

Em Romanos 4.1-3, Paulo fala da justiça de Abraão:

> *Que, pois, diremos ter alcançado Abraão, nosso pai segundo a carne? [Como isso afetou sua posição, e o que ele ganhou com isso?]*

> *Porque, se Abraão foi justificado (estabelecido como justo ao ser absolvido da culpa) por obras, tem de que se gloriar, porém não diante de Deus.*
>
> *Pois que diz a Escritura? Abraão creu (confiou) em Deus, e isso lhe foi imputado para justiça (vida e posição corretas diante de Deus).*

Então, nos versículos 23 e 24, Paulo prossegue:

> *E não somente por causa dele está escrito que lhe foi levado em conta, mas [isso foi escrito] também por nossa causa, posto que a nós igualmente será imputado, a saber, a nós que cremos (confiamos, nos apegamos e nos apoiamos) naquele que ressuscitou dentre os mortos a Jesus, nosso Senhor.*

Em outras palavras, o que Paulo está nos dizendo aqui é que nós recebemos a justiça porque *cremos* e não porque *fazemos*.

Quando cremos em Jesus Cristo, Deus nos vê como justos. Legalmente, Ele toma a decisão de nos ver como justos diante de si por causa do sangue de Jesus. Ele é um Deus soberano, e tem o direito de tomar a decisão que quiser.

No primeiro versículo do capítulo seguinte, Paulo resume esta questão: *(Absolvidos, declarados justos, e recebendo uma posição correta diante de Deus), pois, mediante a fé temos (a paz da reconciliação para manter e desfrutar da) paz com Deus por meio de nosso Senhor Jesus (o Messias, o Ungido). (Romanos 5.1.)*

A justiça não vem por meio das nossas próprias obras insignificantes, mas, sim, pela obra consumada de Jesus.

No Salmo 37.25, Davi escreveu: *Fui moço e já, agora, sou velho, porém jamais vi o [inflexivelmente] justo desamparado, nem a sua descendência a mendigar o pão.*

Creio que se os pais assumirem sua posição de justos diante de Deus por intermédio de Cristo, seus filhos irão adotar essa mesma atitude.

Filhos que são criados por pais que se sentem culpados, condenados e sem dignidade geralmente herdam tais sentimentos de seus pais.

Por outro lado, se os pais compreendem e crêem que Deus os ama e são especiais para Ele, que Deus tem um plano perfeito para a vida deles e que podem ser justos por meio do sangue de Cristo, então os filhos que vivem sob a sombra dessa verdade serão afetados pela fé de seus pais e receberão Jesus e todas as suas promessas por si mesmos.

Provérbios 20.7 diz: *O justo anda na sua integridade; felizes (bem aventurados, afortunados, admirados) lhe são os filhos depois dele.*

E no Salmo 37.39, lemos: *Vem do Senhor a salvação dos justos; ele é a sua fortaleza no dia da tribulação.*

O Senhor está do nosso lado. Sua Palavra é a verdade e ela promete paz, justiça, segurança e triunfo sobre a oposição.

Aprenda a confessar essa promessa do Senhor, encontrada em Isaías 54. 17:

> *Toda arma forjada contra ti não prosperará; toda língua que ousar contra ti em juízo, tu a condenará s(mostrarás estar errada), esta (paz, justiça, segurança, triunfo sobre a oposição) é a herança dos servos do Senhor (aqueles em quem o Servo ideal do Senhor é reproduzido) e o seu direito (reivindicação) que de mim procede, diz o Senhor (Isso é o que transfiro a eles como sua justificação).*

No Salmo 34.15, Davi diz:

> *Os olhos do Senhor repousam sobre os [inflexivelmente] justos, e os seus ouvidos estão abertos ao seu clamor.*

Isso, literalmente, significa que Deus o está observando e cuidando de você porque Ele o ama.

Então, nos versículos 17, 19 e 22, Davi prossegue dizendo:

> *Clamam os justos, e o Senhor os escuta e os livra de todas as suas tribulações.*
>
> *Muitas são as aflições do [consistentemente] justo, mas o Senhor de todas o livra.*
>
> *Senhor resgata a alma dos seus servos, e dos que nele confiam nenhum será condenado.*

Desde o momento em que você recebeu Jesus como Salvador, tem crescido nEle. Podemos dizer que você está numa jornada. Enquanto prossegue em seu caminho, cometerá alguns erros. Seu desempenho pode não ser perfeito, mas seu coração é perfeito diante de Deus. Creio que Ele o considera perfeito enquanto você prossegue nessa jornada.

Em Isaías 54.14, o Senhor declara: *Serás estabelecida em justiça (retidão, em conformidade com a vontade e ordem de Deus) longe da opressão (e do pensamento de destruição) porque já não temerás, e também do espanto, porque não chegará a ti.*

Provérbios 28.1 diz que a pessoa inflexivelmente justa é intrépida como o leão. Quando você sabe que é justo por intermédio de Cristo, quando tem a verdadeira revelação nessa área, não viverá em medo ou espanto, porque a justiça produz intrepidez:

> *Porque não temos sumo sacerdote que não possa compadecer-se (identificar-se e compreender) das nossas fraquezas (enfermidades e tentações); antes, foi ele tentado em todas as coisas, à nossa semelhança, mas sem pecado.*
>
> *Acheguemo-nos, portanto, confiadamente (e ousadamente), junto ao trono da graça (o trono do favor imerecido de Deus a nós, pecadores), a fim de recebermos misericórdia [por nossas falhas] e acharmos graça*

> *para socorro em ocasião oportuna [socorro apropriado e oportuno, vindo justamente quando precisamos dele].*
>
> Hebreus 4.15-16

Podemos nos aproximar do trono da graça de Deus com ousadia, não por causa da nossa perfeição, mas porque, *muito mais agora, sendo justificados (absolvidos, tornados justos e levados ao correto relacionamento com Deus) pelo seu sangue, seremos por Ele salvos da ira (e da indignação de Deus).* (Romanos 5.9.)

Talvez em sua vida você tenha se perguntado: "O que há de **errado** comigo?".

Se for assim, anuncio-lhe boas novas: **você se tornou justo!**

Agora há algo **certo** com você.

Tenho encorajado as pessoas a confessar sempre: "Posso não estar onde deveria estar, mas graças a Deus não estou onde costumava estar. Eu estou indo bem, e estou prosseguindo".

Lembre-se de que a mudança é um processo, e você está nesse processo. Mesmo enquanto você está mudando, Deus já o vê como justo.

Você **é** justo. Este é um estado no qual Deus o colocou por meio do sangue de Jesus.

As mudanças que ocorrem em sua vida são manifestação da posição justa que Deus já lhe deu por meio da fé.

Glória a Deus!

Isso é poderoso!

Ao receber o amor e a justiça de Deus, você será livre da insegurança e do medo da rejeição.

Agora mesmo, pare e declare: "Eu sou a justiça de Deus em Jesus Cristo". Eu o encorajo a começar a confessar essa verdade várias vezes por dia.

Em Romanos 14.17, o apóstolo Paulo nos diz que *o reino de Deus não é comida nem bebida, mas justiça, e paz, e alegria no Espírito Santo.* A justiça leva à paz, e a paz leva à alegria.

Se você tem sentido falta de paz e alegria, talvez esteja lhe faltando a revelação da sua justiça. Deus quer abençoá-lo, física e financeiramente.

Contudo, a maioria das pessoas condenadas e culpadas nunca recebe a verdadeira prosperidade. A Bíblia nos ensina que os justos, aqueles que sabem que são justos, prosperam e são mantidos em segurança.

Você sabe o que Deus diz a seu respeito? No Salmo 1.3, Ele diz que o homem que se deleita na lei do Senhor e nas suas instruções é como uma árvore plantada junto a ribeiros de águas que dá ao seu fruto no devido tempo. Sua folhagem não murcha, e tudo o que fizer prosperará e você será bem-sucedido.

Medite sobre o seu direito diante de Deus, e não sobre tudo que está errado com você.

Como nós já vimos em Josué 1.8, *não cesses de falar deste Livro da Lei; antes, medita nele dia e noite, para que tenhas cuidado de fazer segundo tudo quanto nele está escrito; então, farás prosperar o teu caminho (agirás sabiamente) e serás bem-sucedido.*

Lembre-se de que o Salmo 1.1-3 diz que quando você habitualmente medita na Palavra de Deus dia e noite será como uma árvore firmemente plantada, que dá frutos e prospera em tudo o que faz.

Medite na Palavra e fale a Palavra. Quando Satanás lhe atacar a mente, contra-ataque com a Palavra de Deus. Lembre-se de que Jesus derrotou o inimigo ao declarar a Palavra: *Está escrito.* (Lucas 4.4, 8, 10.)

O Salmo 18.10 diz: *Torre forte é o nome do Senhor, à qual o [consistentemente] justo se acolhe e está seguro [acima do mal].*

O Salmo 72.7 diz: *Floresça em seus dias o justo, e haja abundância de paz até que cesse de haver lua.*

Aceite sua justiça diante de Deus para que você possa começar a florescer em paz.

Você pode estar pensando: "Mas e quanto a todas as coisas terríveis que fiz"?

Quero lembrá-lo das palavras ditas por Deus ao seu povo conforme registrado em Hebreus 10. 16-18:

> *Esta é a aliança (testamento, acordo) que farei (estabelecerei e cumprirei) com eles, depois daqueles dias, Porei no seu coração as minhas leis e sobre a sua mente as inscreverei... Também de nenhum modo me lembrarei dos seus pecados e das suas iniqüidades, para sempre. Ora, onde há remissão destes (perdão e cancelamento da penalidade), já não há oferta pelo pecado (pecados e iniqüidades).*

Em outras palavras, seus pecados foram absolutamente cancelados com a penalidade devida. Uma vez que Jesus já consumou esta obra, não há nada que você possa fazer com relação aos seus pecados. A única coisa que pode fazer para agradar a Deus é aceitar pela fé o que Ele quer livremente lhe dar.

Hebreus 10.19, 20 diz que Jesus, por meio do seu sacrifício, abriu um "novo e vivo caminho" para que possamos ser cheios de liberdade e confiança para entrar em sua presença, pelo "poder e virtude" contidos em seu sangue.

Não há mais necessidade de um véu separá-lo de Deus.

Que notícia maravilhosa!

Você pode aproximar-se com **ousadia** e relacionar-se com Deus porque seus pecados foram cancelados, removidos e esquecidos.

Alegre-se! Você é a justiça de Deus em Cristo. (2 Coríntios 5.21.)

4

VENCENDO O MEDO EM SUA VIDA

Você tem medo de algo?

Na canção *Fear Not My Child* (Não Temas, Meu Filho), o Senhor fala estas palavras de vida:

> *Não temas, meu filho,*
>
> *Estou sempre com você.*
>
> *Conheço tuas dores*
>
> *Vejo todas tuas lágrimas.*
>
> *Não temas, meu filho.*
>
> *Estou sempre com você.*
>
> *Sei como cuidar daqueles que me pertencem!*[4]

---

[4] Some-O-Dat Music, 1986, Word Music. Usada com permissão.

Em 2 Timóteo 1.7, o apóstolo Paulo escreve para seu jovem discípulo, exortando-o a não ter medo de exercitar seu ministério: *Porque Deus não nos tem dado espírito de covardia (de timidez, medo servil, amedrontamento, intimidação), mas de poder, de amor e de moderação (de uma mente calma e bem equilibrada, de disciplina e autocontrole).*

Memorize esse versículo. Repita-o todas as vezes que você for tentado a se tornar ansioso e amedrontado.

O medo não vem de Deus. Satanás é que quer encher seu coração com medo. Deus tem um plano para sua vida. Receba seu plano ao colocar sua fé no Senhor. Mas lembre-se, Satanás também tem um plano para sua vida, e você recebe seu plano por intermédio do medo.

O salmista Davi escreveu: *Busquei (inquiri) o Senhor, e ele me acolheu; livrou-me de todos os meus temores.* (Salmos 34.4.)

Jesus é o nosso libertador. Quando você diligentemente O buscar, Ele o libertará de todos os seus medos. Em João 14.27, Ele disse a seus amedrontados discípulos: *Deixo-vos a paz, a minha paz vos dou; não vo-la dou como a dá o mundo. Não se turbe o vosso coração, nem se atemorize [Não se permitam estar agitados e perturbados, não se permitam estar amedrontados, intimidados, acovardados e inquietos].*

Isso significa que você precisa agressivamente tomar uma posição contra o medo. Tome a decisão hoje de que não mais deixará o espírito de medo intimidá-lo e dominar sua vida.

No Salmo 56.3-4, Davi disse do Senhor:

> *Em me vindo o temor, hei de confiar em ti (terei confiança e me apoiarei e dependerei de Ti).*
>
> *Em Deus [com a ajuda de Deus], cuja palavra eu exalto, neste Deus ponho a minha confiança (eu me apóio, e confiantemente coloco minha fé) e nada temerei. Que me pode fazer um mortal (que é simples carne)?*

Em Isaías 41.10, o Senhor assegura ao seu povo: *Não temas [não há nada a temer], porque eu sou contigo; não te assombres (não olhe ao seu redor com terror e sinta-se desalentado), porque eu sou o teu Deus; eu te fortaleço (eu o robusteço nas dificuldades), e te ajudo, e te sustento (e te preservo) com a minha (vitoriosa) destra fiel (de retidão e justiça).*

O escritor de Hebreus 13.5 alerta contra os esforços para obter possessões e segurança terrenas, lembrando-nos que:

> *... porque Ele [o próprio Deus] tem dito: De maneira alguma te deixarei (nunca falharei, desistirei de você ou o deixarei sem apoio), nunca jamais te abandonarei [**Não, nunca, nunca,** de maneira nenhuma te*

deixarei sem socorro ou te abandonarei, nem te sol-
tarei. Certamente não!]. (Grifo da autora.)

Então, no versículo 6, o escritor prossegue dizendo: *As-*
sim, afirmemos confiantemente (sejamos confortados e
encorajados e ousadamente digamos): O Senhor é o meu
auxílio, não temerei (não serei capturado pela apreen-
são, não ficarei amedrontado, apreensivo ou aterroriza-
do); que me poderá fazer o homem?

O medo (que em inglês é soletrado por f-e-a-r) signifi-
ca uma **f**alsa **e**vidência com **a**parência **r**eal. O inimigo quer
lhe dizer que sua situação atual é a evidência de que seu
futuro será uma catástrofe, mas a Bíblia nos ensina que não
importa como sejam nossas circunstâncias presentes, não
importa quão ruins as coisas pareçam, nada é impossível para
Deus. (Marcos 9.17-23.)

Em Isaías 41.13, lemos: *Porque eu, o Senhor, teu Deus,*
te tomo pela tua mão direita e te digo: Não temas, que eu
te ajudo. Isso significa que você não tem que se assustar
quando recebe más notícias. Mantenha sua confiança em Deus.
Ele pode fazer todas as coisas cooperarem para seu bem.

Em Romanos 8.28, o apóstolo Paulo nos lembra que todas
as coisas cooperam para o bem daqueles que amam a Deus e
são chamados de acordo com seu desígnio e propósito.

Em Isaías 43.1-3, lemos: *Mas agora, assim diz o Senhor, que te criou, ó Jacó, e que te formou, ó Israel: Não temas, porque eu te remi; chamei-te pelo teu nome, tu és meu. Quando passares pelas águas (e grandes problemas), eu serei contigo; quando, pelos rios (de dificuldades), eles não te submergirão; quando passares pelo fogo (de opressão), não te queimarás, nem a chama arderá em ti. Porque eu sou o Senhor, teu Deus, o Santo de Israel, o teu Salvador....*

Aprenda a confessar em voz alta esses versículos sobre o temor. Fale-os à atmosfera quando estiver sozinho. Declare ao reino espiritual que você não pretende viver com medo. Ao falar a Palavra de Deus, você está notificando ao diabo de que você não pretende levar uma vida de tormentos.

Lembre-se de que a Bíblia diz que o medo produz tormento. (1 João 4.18.) Jesus morreu para nos libertar do tormento, como vemos em Efésios 3.12-13, onde Paulo nos diz que por causa da nossa fé em Jesus Cristo,

> *... pelo qual temos ousadia (coragem) e (livre) acesso (irrestrito a Deus, com liberdade e sem medo) com confiança, mediante a fé nele. Portanto, vos peço que não desfaleçais (não enfraqueçais ou tornai-vos desanimados pelo medo) nas minhas tribulações por vós, pois nisso está a vossa glória.*

No Salmo 46.1-2, somos lembrados:

> *Deus é o nosso refúgio e fortaleza [poderosa e impenetrável contra a tentação], socorro bem presente (e comprovado) nas tribulações. Portanto, não temeremos ainda que a terra se transtorne e os montes se abalem no seio dos mares.*

No primeiro capítulo de Josué (v. 6), Deus, repetidamente, encorajou Josué: *Sê forte (confiante) e corajoso*, assegurando-lhe que, *o Senhor, teu Deus, é contigo por onde quer que andares* (v. 9). Portanto você não precisa temer. A mensagem do Senhor para você é a mesma que Ele deu a Josué.

Deus está com você, nunca o deixará nem o abandonará. (Hebreus 13.5.) Ele mantém os olhos em você todos os momentos. (Salmos 33.18.) Ele tem sua imagem tatuada nas palmas de suas mãos. (Isaías 49.16), portanto, você não precisa temer. Seja forte, seja confiante, seja intrépido, não tema.

Em Mateus 6.34, no Sermão do Monte, Jesus ensinou aos seus seguidores: *Portanto, não vos inquieteis (não vos preocupeis ou estejais ansiosos) com o dia de amanhã, pois o amanhã trará os seus cuidados (preocupações); basta ao dia o seu próprio mal.*

Em Mateus 8.23-27, lemos como os discípulos ficaram amedrontados diante da tempestade no mar: *Perguntou-lhes, então, Jesus: Por que sois tímidos, homens de pequena fé? E, levantando-se, repreendeu os ventos e o mar; e fez-se grande bonança* (v. 26).

Em Lucas 12.25, 26, Jesus perguntou: *Qual de vós, por ansioso que esteja, pode acrescentar um côvado ao curso da sua vida? Se, portanto, nada podeis fazer quanto às coisas mínimas, por que andais ansiosos pelas outras?*

"Não temas", disse Isaías no capítulo 54, versículos 4 e 5, *porque não serás envergonhada; não te envergonhes, porque não sofrerás humilhação; pois te esquecerás da vergonha da tua mocidade e não mais te lembrarás do opróbrio da tua viuvez. Porque o teu Criador é o teu marido; o Senhor dos Exércitos é o seu nome; e o Santo de Israel é o teu Redentor; ele é chamado o Deus de toda a terra.*

Então, em Isaías 35.4, lemos: *Dizei aos desalentados de coração: Esforçai-vos e não temais; eis que o vosso Deus virá com vingança, com recompensa de Deus; ele virá e vos salvará.*

Peça a Deus que o fortaleça em seu homem interior, para que o poder e a força do Senhor possam enchê-lo a fim de que você não seja vencido pela tentação de ceder ao medo. (Efésios 3.16.)

Eu gostaria de compartilhar com você uma grande revelação que Deus me deu com relação ao medo. Quando o

Senhor nos fala por intermédio de sua Palavra dizendo *Não temas*, Ele não está dizendo para não sentir medo. O que Ele realmente está dizendo é: "Quando você sentir medo, isto é, quando o diabo atacá-lo com medo, não desista ou fuja. Pelo contrário, vá em frente, mesmo sentindo medo".

Por muitos anos, eu pensava que era covarde quando me sentia assustada. Agora, tenho aprendido que o caminho para vencer o medo é enfrentá-lo de cabeça erguida, confrontando-o e fazendo o que Deus diz para fazer, mesmo que seja feito enquanto sentir medo.

No Salmo 34.4, Davi disse do Senhor: *Eu pedi a ajuda do Senhor, e ele me respondeu; ele me livrou de todos os meus medos*. (NTLH.)

E João nos lembra: *No amor não existe medo [temor não existe]; antes, o perfeito (completo, pleno) amor lança fora (expele) o medo (todo o traço de terror). Ora, o medo produz tormento (o sentimento de punição); logo, aquele que teme não é aperfeiçoado no amor (não alcançou a plena maturidade e a completa perfeição no amor).* (1 João 4.18.)

Lembre-se: Deus o ama! Porque Ele o ama e cuida de você com amor perfeito, você pode viver livre do medo.

Talvez você tenha tantos medos em sua vida neste momento que a idéia de viver sem medo lhe pareça um sonho impossível. Se for assim, há algo que você deve lembrar: Deus pode libertá-lo completamente de todos os problemas, todos de uma vez, mas Ele freqüentemente o fará aos poucos. Portanto, seja encorajado pelo fato do Senhor estar trabalhando em você. Deus começou uma boa obra em você, e Ele a **completará**. (Filipenses 1.6.)

O salmista pergunta no Salmo 27.1: *O Senhor é a minha luz e a minha salvação; de quem terei medo? O Senhor é a fortaleza da minha vida; a quem temerei?*

No versículo 5 dessa mesma passagem, Davi prossegue dizendo que quando os problemas vêm Deus oculta você. Ele o coloca numa rocha alta, longe do alcance dos seus inimigos. Então Davi diz que levará sacrifícios ao Senhor e o louvará com grande alegria.

O que Deus fez pelo rei Davi Ele fará por você. Coloque sua fé no Senhor. Ele tem o poder de libertá-lo de todos seus temores.

Observe estas palavras que o anjo do Senhor falou a Daniel, assegurando-lhe que suas orações definitivamente tinham sido ouvidas: *Não temas, Daniel, porque, desde o primeiro dia em que aplicaste o coração (e mente) a compreender e a humilhar-te perante o teu Deus, foram ouvidas as tuas palavras; e, por causa das tuas palavras, é que eu vim.* (Daniel 10.12.)

O diabo tentará lhe dizer que Deus não ouve suas orações e não lhe responderá. Lembre-se de que a Palavra do Senhor é a espada do Espírito. (Efésios 6.17.) Com a espada da Palavra, você derrotará o inimigo. Guarde esses versículos em seu coração, medite neles dia e noite.

Somente com a Palavra de Deus você será capaz de derrotar o inimigo. Somente quando você conhecer a Palavra reconhecerá as mentiras de Satanás. Confesse a Palavra de Deus, e ela o levará a um lugar de vitória.

Talvez você tenha medo de conversar com alguém que tenha autoridade sobre sua vida. Talvez tenha sido acusado de algo e esteja preocupado sobre o que dizer em sua própria defesa. Observe as palavras de Jesus em Lucas 12.11-12: *Quando vos levarem... perante os governadores e as autoridades, não vos preocupeis quanto ao modo por que respondereis, nem quanto às coisas que tiverdes de falar. Porque o Espírito Santo vos ensinará, naquela mesma hora, as coisas que deveis dizer.*

Quando for tentado a ceder ao medo, repita o Salmo 23.1-6 como sua confissão de fé no Senhor e como a provisão divina para sua vida e seu atencioso cuidado com você:

> *O Senhor é o meu pastor; nada me faltará.*
> *Ele me faz repousar em pastos verdejantes. Leva-me para junto das águas de descanso;*

refrigera-me a alma. Guia-me pelas veredas da justiça por amor do seu nome.

Ainda que eu ande pelo vale da sombra da morte, não temerei mal nenhum, porque tu estás comigo; o teu bordão e o teu cajado me consolam.

Preparas-me uma mesa na presença dos meus adversários, unges-me a cabeça com óleo; o meu cálice transborda.

Bondade e misericórdia certamente me seguirão todos os dias da minha vida; e habitarei na Casa do Senhor para todo o sempre.

Conclusão:
Permaneça firme!

Neste livro, compartilho com você versículos sobre o amor de Deus, o glorioso futuro que Ele planejou para sua vida, a sua justiça em Cristo e a libertação do medo.

Todas essas promessas registradas nas Escrituras são sua herança como servo do Senhor. Contudo, você precisa saber que o diabo tentará roubá-las de você. Ele quer que você volte à escravidão.

Eis por que o apóstolo Paulo nos diz em Gálatas 5.1: *Para a liberdade foi que Cristo nos libertou. Permanecei, pois, firmes e não vos submetais, de novo, a jugo de escravidão.*

Algumas das chaves para a vida cristã vitoriosa são a constância, a paciência e a perseverança:

> *Não abandoneis, portanto, a vossa confiança; ela tem grande galardão. Com efeito, tendes necessidade de (paciência e) perseverança, para que, havendo*

> *feito (para que possais realizar e completar plena-*
> *mente) a vontade de Deus, alcanceis [recebais e*
> *desfruteis da plenitude da] a promessa.*
>
> Hebreus 10.35-36

Seu Pai celestial quer que você desfrute plenamente aquilo que Ele lhe comprou por intermédio do sangue de Jesus Cristo. Seja determinado. Tome uma decisão agora mesmo de que nunca desistirá. Confesse os versículos das páginas seguintes até que se tornem parte do seu próprio ser.

Lembre-se sempre de que Deus o ama e que há vida em Sua Palavra.

Confissões das Escrituras*

Introdução: A Palavra de Deus

Deus envia sua Palavra e me cura e me resgata do abismo e da destruição. (Salmos 107.20.)

Abençoado (feliz, afortunado, próspero e admirado) eu sou porque não caminho e nem vivo no conselho dos ímpios [seguindo seus conselhos, planos e propósitos], nem permaneço [submisso e inativo] no caminho dos pecadores e nem me assento [para relaxar e descansar] onde os escarnecedores [e os zombadores] estão reunidos.

Mas meu prazer e deleite estão na Lei do Senhor e em sua Lei (preceitos, instruções e ensinos), habitualmente, medito (pondero e estudo) de dia e de noite.

Serei como uma árvore firmemente plantada junto às correntes das águas, pronta a frutificar na estação adequada;

---

* N. T.: A autora personalizou as confissões parafraseando os referidos versículos na primeira pessoa.

minha folhagem não murcha ou seca; e tudo o que eu fizer prosperará (e chegará ao amadurecimento). (Salmos1-3.)

Esse Livro da Lei não se apartará de meus lábios, mas nele meditarei de dia e de noite, para que eu possa observá-lo e agir de acordo com tudo o que está escrito nele. Pois, então, meu caminho será próspero, agirei sabiamente e serei bem-sucedido. (Josué 1.8.)

A Palavra está perto de mim, na minha boca, na minha mente e no meu coração, para que eu possa praticá-la. (Deuteronômio 30.14.)

Assim será com a Palavra de Deus que sair da minha boca: ela não voltará para Ele vazia [sem produzir qualquer efeito, inutilmente], mas fará o que apraz ao Senhor (sua vontade e propósito) e prosperará naquilo para o que Ele a enviou. (Isaías 55.11.)

Porque eu, com o rosto descoberto, continuando a contemplar [pela Palavra de Deus] como num espelho a glória do Senhor, estou constantemente sendo transfigurado à própria imagem dele, num esplendor crescente, de um degrau de glória a outro; [pois isso vem] do Senhor [que é], o Espírito. (2 Coríntios 3.18.)

A Palavra de Deus é a verdade. Ao estudar e meditar nela, conhecerei a verdade e a verdade me libertará. (João 17.17; 8.32.)

Capítulo 1: O amor de Deus

Em todas estas coisas, porém, sou mais que vencedor (e obtenho uma vitória insuperável), por meio daquele que me ama. Porque eu estou bem certo (sem dúvida alguma) de que nem a morte, nem a vida, nem os anjos, nem os principados, nem as coisas do presente (iminentes e ameaçadoras), nem do porvir, nem os poderes, nem a altura, nem a profundidade, nem qualquer outra criatura poderá separar-me do amor de Deus, que está em Cristo Jesus, meu Senhor. (Romanos 8.37-39.)

Porque Deus (tão grandemente) me amou (e afetuosamente me valorizou) de tal maneira que (até mesmo) deu o seu Filho unigênito por mim, para que nele crendo (apegando-me, contando com, confiando), eu não pereça (seja destruído, perca-me), mas tenha a vida eterna (permanente). (João 3.16.)

O próprio Pai [ternamente] me ama porque eu amo a Jesus e creio que Ele veio do Pai. (João 16.27.)

Porque tenho os mandamentos de Jesus e os guardo, eu [realmente] o amo, e porque [realmente] amo a Jesus, serei amado por seu Pai, e Jesus também me amará e se mostrará (se revelará, se manifestará a) a mim (Ele será claramente visto e se tornará real para mim). (João 14.21.)

Eu amo ao Senhor, porque Ele me amou primeiro. (1 João 4.19.)

Como é preciosa, ó Deus, a tua benignidade! Por isso, me acolho (eu me refugio, coloco minha confiança) à sombra das tuas asas. (Salmos 36.7.)

Senhor, tu me sondas (examinas meu coração) e me conheces (sabes tudo a meu respeito). Sabes quando me assento e quando me levanto; de longe penetras os meus pensamentos.

Esquadrinhas o meu andar e o meu deitar e conheces todos os meus caminhos.

Ainda a palavra me não chegou à língua, e tu, Senhor, já a conheces toda.

Tu me cercas por trás e por diante e sobre mim pões a mão (abençoadora).

Tal conhecimento é maravilhoso (e glorioso) demais para mim: é sobremodo elevado, não o posso atingir.

Para onde me ausentarei do teu Espírito? Para onde fugirei da tua face?

Que preciosos para mim, ó Deus, são os teus pensamentos (Quão precioso é saber que Tu pensas sobre mim constantemente)! E como é grande a soma deles Se os contasse, excedem os grãos de areia; contaria, contaria, sem jamais chegar ao fim.

(Não posso calcular quantas vezes por dia pensas em mim)! (Quando desperto pela manhã, ainda estás pensando em mim). (Salmos 139.1-7; 17; 18.)

Por isso, o Senhor [intensamente] espera [aguardando, procurando, desejando], para ter misericórdia de mim [ser gracioso comigo, e mostrar-se benigno], e se detém, para se compadecer de mim, porque o Senhor é Deus de justiça; bem-aventurado [feliz, afortunado, admirado] eu sou porque nele espero [determinadamente] (aguardo, procuro e desejo sua vitória, favor, amor paz, alegria e sua inigualável e infalível companhia). (Isaías 30.18.)

O Senhor não me deixará órfão [desconsolado, desolado, desamparado, abandonado, sem ajuda], mas voltará para mim. (João 14.18.)

Porque, se meu pai e minha mãe me desampararem, o Senhor me acolherá [adotando-me como seu filho]. (Salmos 27.10.)

E, assim, habite [estabeleça-se, more, faça seu lar permanente] Cristo [realmente] no meu coração, pela fé, estando eu arraigado e alicerçado (seguramente) em amor, a fim de poder compreender, com todos os santos [o povo devotado de Deus], qual é a largura, e o comprimento, e a altura, e a profundidade e conhecer [de forma prática, experimentando-o por mim mesmo] o amor de Cristo, que excede todo entendimento [sem experiência prática], para que eu seja tomado de toda a plenitude de Deus [possa ter a mais rica medida da presença divina, e tornar-me um corpo totalmente cheio e transbordante do próprio Deus]! (Efésios 3.17-19.)

Jesus me ama assim como o Pai o amou, portanto, permaneço no seu amor. E esta é a medida de seu amor por mim: o maior amor é demonstrado quando alguém dá a própria vida em favor dos seus amigos. (João 15.9, 13.)

Deus mostra e claramente prova seu [próprio] amor para comigo pelo fato de Cristo (o Messias, o Ungido) ter morrido por mim, enquanto eu ainda era um pecador. (Romanos 5.8.)

Tão abundante é a bondade de Deus sobre mim que Ele remiu meus pecados, por intermédio do sangue de seu Filho, por quem sou salvo, e mostrou sobre mim as riquezas de sua graça, pois Ele me compreende bem e sabe o que é melhor para mim em todos os momentos. (Efésios 1.7 – TLB.)

Porque ainda que os montes se retirem, e os outeiros sejam removidos; a sua misericórdia (e benignidade) não se apartará de mim, e a aliança da sua paz (e perfeição) não será removida, diz o Senhor, que se compadece de mim. (Isaías 54.10.)

Fiel é Deus (confiável, leal e, portanto, verdadeiro em sua promessa, e posso me apoiar nele). (1Coríntios 1.9.)

Bendize (afetuosamente, louve grandemente), ó minha alma ao Senhor, e tudo o que há [profundamente] em mim bendiga ao seu santo nome.

Bendize (afetuosamente, louve grandemente), ó minha alma ao Senhor, e não te esqueças de nem um só de seus benefícios.

Ele é quem perdoa todas as minhas iniqüidades; quem sara todas as minhas enfermidades;

Quem da cova (do abismo e da corrupção) redime a minha vida e me coroa (embeleza e dignifica) de graça e misericórdia;

Quem farta de bens (enche minha vida de boas coisas) a minha velhice, de sorte que a minha mocidade se renova como a da águia.

O Senhor faz justiça e julga a todos os oprimidos (faz justiça a todos que são tratados injustamente).

O Senhor é misericordioso (diante daqueles que não o merecem) e compassivo; longânimo e assaz benigno.

Não repreende perpetuamente, nem conserva para sempre a sua ira. Não nos trata segundo os nossos pecados, nem nos retribui consoante as nossas iniqüidades.

Pois quanto o céu se alteia acima da terra, assim é grande a sua misericórdia para comigo que o temo.

Quanto dista o Oriente do Ocidente, assim afasta de mim as minhas transgressões.

Como um pai se compadece de seus filhos, assim o Senhor se compadece (e sente ternura por) mim, porque eu o temo.

A misericórdia do Senhor é de eternidade a eternidade (Salmos 103.5-6; 8-9; 11-13.)

A misericórdia (o amor permanente) me assistirá porque confio no Senhor. (Salmos 32.10)

Louvarei O Senhor em todo o tempo (não importa o que aconteça), o seu louvor estará sempre nos meus lábios (falarei constantemente de sua glória e graça).

Gloriar-se-á no Senhor a minha alma; os humildes o ouvirão e se alegrarão.

Engrandecei o Senhor comigo (animem-se os que estão abatidos), e todos, juntos, lhe exaltemos o nome.

Busquei o Senhor, e ele me acolheu; livrou-me de todos os meus temores.

Contemplai-o e sereis iluminados, e o vosso rosto jamais sofrerá vexame.

Clamou este aflito, e o Senhor me ouviu e me livrou de todas as minhas tribulações.

O anjo do Senhor acampa-se ao redor dos que o temem e os livra.

Oh! Provo e vejo que o Senhor é bom; (tenho visto por mim mesmo como é) bem-aventurado o homem que nele se refugia. (Salmos 34.1-8.)

CAPÍTULO 2: SEU FUTURO

Todos os dias do aflito (e desesperado) são maus (por causa de pensamentos angustiantes e maus pressentimentos), mas porque tenho um coração alegre (e satisfeito) tenho um banquete contínuo (a despeito das minhas circunstâncias). (Provérbios 15.15.)

[O que, que seria de mim se eu não cresse?] Mas creio que verei a bondade do Senhor na terra dos viventes! Espero (aguardo e anseio) pelo Senhor, tenho bom ânimo, e fortifica-se o meu coração; pois espero (aguardo e anseio) pelo Senhor. (Salmos 27.13-14.)

Eu é que sei que pensamentos (e planos) Deus tem a meu respeito, pensamentos (e planos) de paz e não de mal, para me dar o fim que desejo. (Jeremias 29.11.)

Por que estás abatida, ó minha alma? Por que te perturbas (e te inquietas dentro de mim?). Espera em Deus (e aguarde com expectativa), pois ainda o louvarei, a ele, meu auxílio e Deus meu (Salmos 42.11.)

71

Ora, tal esperança não confunde (não desilude, desaponta ou me envergonha) porque o amor de Deus é derramado em meu coração pelo Espírito Santo, que me foi outorgado (Romanos 5.5.)

Porque o Senhor Deus é sol e escudo; o Senhor dá graça e glória; nenhum bem sonega a mim que ando retamente. (Salmos 84.11.)

E estou convencido e certo disso mesmo que aquele que começou uma boa obra em mim a continuará até o dia de Jesus Cristo [até o momento da sua volta], desenvolvendo [essa boa obra], aperfeiçoando-a e levando-a até à plena consumação em mim. (Filipenses 1.6.)

Pois sou feitura dele, criado em Cristo Jesus para boas obras, as quais Deus de antemão (planejou) preparou [para seguir os passos que Ele planejou anteriormente], para que eu andasse nelas (vivendo a boa vida que Ele preordenou e preparou para que eu vivesse). (Efésios 2.10.)

Há um tempo [designado] para todo propósito e para toda obra, portanto, eu me humilho sob a potente mão de Deus para que no devido tempo Ele possa me exaltar. (Eclesiastes 3.17; 1 Pedro 5.6.)

As coisas que Deus planejou para mim não acontecerão imediatamente. De forma lenta, calma e segura se aproxima o tempo quando a visão se cumprirá. Se parecer lenta, não me desesperarei (serei paciente) porque, certamente, virá, não falhará (não se atrasará um só dia)! (Habacuque 2.2-3.)

Tenho coragem porque lanço mão da esperança proposta; a qual tenho por âncora da alma, a qual é segura e firme. (Hebreus 6.18-19.)

Não tenho medo porque estou certo e sei [tendo Deus como meu parceiro] que todas as coisas cooperam [e se ajustam num plano] para o meu bem porque amo a Deus, e sou chamado segundo o seu propósito (e desígnio). (Romanos 8.28.)

Meu Deus é poderoso para fazer [cumprir seu propósito] infinitamente (superabundantemente além e acima) mais do que tudo quanto (ousadamente) peço ou penso, conforme o seu poder que opera em mim [infinitamente além de minhas orações, desejos, pensamentos, esperanças ou sonhos mais elevados]. (Efésios 3.20.)

Em Jesus Cristo, digo, no qual fui feito herança (de Deus e também obtive uma herança), pois fui predestinado (escolhido e designado de antemão) segundo o propósito daquele que faz todas as coisas conforme o conselho da sua vontade. (Efésios 1.11.)

Não cesso de falar deste Livro da Lei; antes, medito nele dia e noite, para que eu tenha o cuidado de fazer segundo tudo quanto nele está escrito; então, farei prosperar o meu caminho (agirei sabiamente) e serei bem-sucedido. (Josué 1.8.)

Pois esta palavra está mui perto de mim, na minha boca, na minha mente e no meu coração para cumpri-la. (Deuteronômio 30.14.)

Assim será a palavra (de Deus) que sair da minha boca: não voltará para Ele vazia (sem produzir qualquer efeito, inutilmente), mas fará o que lhe apraz e (agrada e) prosperará naquilo para que (Ele) a designou. (Isaías 55.11.)

Porque eu, com o rosto descoberto, continuando a contemplar [pela Palavra de Deus] como num espelho a glória do Senhor, estou constantemente sendo transfigurado à própria imagem dele, num esplendor crescente, de um degrau de glória a outro; [pois isso vem] do Senhor [que é], o Espírito. (2 Coríntios 3.18.)

Eu não me conformo com este mundo (esta época) [moldado e adaptado aos seus costumes superficiais], mas sou transformado [pelos seus novos ideais e atitudes], para que eu possa provar [por mim mesmo] qual é a boa e perfeita vontade de Deus, aquilo que é bom, aceitável e perfeito [aos olhos de Deus para mim]. (Romanos 12.2.)

Deus se agradou em tornar conhecido quão grandes são as riquezas da glória deste mistério que é Cristo em mim, a esperança [de perceber] a glória. (Colossenses 1.27.)

Como Deus, chamo aquelas coisas que não são como se já fossem. Declaro que sou parte da raça eleita, sacerdócio real, nação santa, povo de propriedade exclusiva de Deus, a fim de que eu proclame as virtudes daquele que me chamou das trevas para a sua maravilhosa luz. (Romanos 4.17; 1 Pedro 2.9.)

Porque sou do Senhor, Ele publicamente reconhecerá e abertamente declarará que sou seu particular tesouro (sua possessão especial, sua jóia preciosa), poupar-me-á como um homem poupa seu filho que o serve. (Malaquias 3.17.)

Como o apóstolo Paulo, não julgo ter chegado (alcançado) ainda à perfeição, mas, uma coisa faço [é minha aspiração]: esquecendo-me das coisas que para trás ficam e avançando para as que diante de mim estão, prossigo para o alvo, para o prêmio da soberana (suprema e celestial) vocação de Deus em Cristo Jesus. (Filipenses 3.13-14.)

Não me lembro (seriamente) das coisas passadas, nem considero as antigas. Eis que o Senhor faz coisa nova, que está saindo à luz; e eu a percebo (eu a reconheço, e atento para isso). Eis que o Senhor fará um caminho no deserto e rios, no ermo. (Isaías 43.18-19.)

Porque eu pertenço a Deus, o Senhor apaga (e cancela) as minhas transgressões por amor dele mesmo e dos meus pecados não se lembra mais. (Isaías 43.25.)

Porque espero no Senhor (tenho expectativa, busco e tenho esperanças), serei transformado e renovado em minhas forças (e poder), subirei com asas como águia, correrei e não me cansarei, caminharei e não me fatigarei. (Isaías 40.31.)

Estou plenamente convicto de que Deus é capaz e poderoso para manter Sua Palavra e fazer o que Ele prometeu a mim, porque tenho um destino divino a cumprir. (Romanos 4.21.)

Capítulo 3: Conhecendo sua justiça em Cristo

Por minha causa Deus fez Cristo tornar-se [virtualmente] pecado, Aquele que não conheceu pecado, para que nele e através dele eu pudesse tornar-me [sendo dotado, visto como sendo, e exemplo da] justiça de Deus [o que devo ser, aprovado e aceitável e em correto relacionamento com Ele, pela sua bondade]. (2 Coríntios 5.21.)

Como o teu nome, ó Deus, assim o teu louvor se estende até aos confins da terra; a tua destra está cheia de justiça. (Salmos 48.10.)

E Ele me confirmará [Ele me manterá estável, fortalecerá e garantirá minha causa. Ele será minha garantia contra toda a acusação] até ao fim, para que eu seja irrepreensível e inculpável no Dia de nosso Senhor Jesus Cristo (o Messias). (1 Coríntios 1.8.)

Bem-aventurado, afortunado, feliz e espiritualmente próspero (naquele estado no qual um filho nascido de novo de Deus desfruta de seu favor e salvação) sou eu que tenho fome e sede de justiça (da retidão e da posição correta diante de Deus), porque serei farto. (Mateus 5.6.)

Confio os meus cuidados ao Senhor (transferindo a Ele meus pesos), e Ele me susterá; jamais permitirá que o [consistentemente] justo seja abalado (desvie-se, falhe ou caia). (Salmos 55.22.)

A Bíblia foi escrita por minha causa também, para que eu saiba que [a justiça, a posição aceitável a Deus] será creditada e concedida a mim porque creio (confio, me apego e me apóio) em Deus, que ressuscitou a Jesus Cristo dentre os mortos. (Romanos 4.24.)

Portanto, já que fui justificado (absolvido, declarado justo, e recebi uma posição correta diante de Deus), pois, mediante a fé tenho (a paz da reconciliação para manter e desfrutar da) paz com Deus por meio de nosso Senhor Jesus (o Messias, o Ungido). (Romanos 5.1.)

Porque sou uma pessoa justa e caminho em minha integridade, bem-aventurados (felizes, afortunados e admirados) são meus filhos após mim. (Provérbios 20.7.)

Porque sou [consistentemente] justo, minha salvação é o Senhor. Ele é o meu refúgio e fortaleza segura nos tempos de tribulação. (Salmos 37.39.)

Toda arma forjada contra mim não prosperará; toda língua que ousar contra mim em juízo, eu a (mostrarei estar errada) condenarei, esta (paz, justiça, segurança, triunfo sobre a oposição) é a minha herança como servo do Senhor [em quem o Servo ideal do Senhor é reproduzido] e o meu direito (ou reivindicação) que do Senhor procede [Isso é o que Ele transfere a mim como minha justificação]. (Isaías 54.17.)

Porque sou [inflexivelmente] justo, os olhos do Senhor repousam sobre mim e os seus ouvidos estão abertos ao meu clamor.

Quando eu, porque sou justo, clamo, o Senhor escuta e me livra de todas as minhas tribulações.

Muitas são as minhas aflições, como [consistentemente] justo, mas o Senhor de todas me livra.

Porque sou servo do Senhor, Ele resgata a minha alma, e porque me refugio e confio nele não serei condenado ou considerado culpado. (Salmos 34. 15, 17, 19, 22.)

Serei estabelecido em justiça (retidão, em conformidade com a vontade e ordem de Deus) longe da opressão (e do pensamento de destruição) porque já não temerei, e também do espanto, porque não chegará a mim. (Isaías 54.14.)

Porque sou [inflexivelmente] justo, sou intrépido como o leão. (Provérbios 28.1.)

Porque não tenho sumo sacerdote que não possa compadecer-se (identificar-se e compreender) das minhas fraquezas; antes, foi Ele tentado em todas as coisas, à minha semelhança, mas sem pecado.

Achego-me, portanto, confiadamente (ousadamente), junto ao trono da graça (o trono do favor imerecido de Deus a mim), a fim de receber misericórdia [para minhas falhas] e achar graça para socorro em ocasião oportuna [o socorro apropriado e oportuno justamente quando eu precisar dele]. (Hebreus 4.15,16.)

Portanto, muito mais agora, que sou justificado (absolvido, tornado justo, e levado ao correto relacionamento com Deus) pelo seu sangue, serei por Ele salvo da ira (e da indignação de Deus). (Romanos 5.9.)

Abençoado (feliz, afortunado, próspero e admirado) eu sou porque não caminho e nem vivo no conselho dos ímpios [seguindo seus conselhos, planos e propósitos], nem permaneço [submisso e inativo] no caminho dos pecadores e nem me assento [para relaxar e descansar] onde os escarnecedores [e os zombadores] estão reunidos.

Mas meu prazer e deleite estão na Lei do Senhor e em sua Lei (preceitos, instruções e ensinos), habitualmente medito (pondero e estudo) de dia e de noite.

E eu serei com uma árvore firmemente plantada junto às correntes das águas, pronta a frutificar na estação adequada; minha folhagem não murcha ou seca; e tudo o que eu fizer prosperará (e chegará ao amadurecimento). (Salmos 1-3.)

Esse Livro da Lei não se apartará de meus lábios, mas nele meditarei de dia e de noite, para que eu possa observá-lo e agir de acordo com tudo o que está escrito nele. Pois então meu caminho será próspero (agirei sabiamente) e serei bem-sucedido. (Josué 1.8.)

Torre forte é o nome do Senhor, à qual eu, como [consistentemente] justo [reto e numa posição correta diante de Deus], me acolho e estou seguro [longe do alcance do mal]. (Provérbios 18.10.)

Florescerei em seus dias (nos dias de Cristo) por ser [inflexivelmente] justo, e haverá abundância de paz para mim, até que cesse de haver lua. (Salmos 72.7.)

Esta é a aliança (acordo, testamento) que Deus faz comigo: Porá no meu coração as suas leis e sobre a minha mente (meus pensamentos e entendimento) as inscreverá... Também de nenhum modo se lembrará dos meus pecados e das minhas iniqüidades, para sempre.

Ora, onde há remissão (perdão e cancelamento da penalidade) destes (meus pecados e transgressões), já não preciso trazer oferta pelo pecado. (Hebreus 10.16-18.)

Tenho intrepidez (plena confiança e liberdade) para entrar no Santo dos Santos pelo [poder e virtude do] sangue de Jesus, pelo novo e vivo caminho que Ele consagrou (que Ele iniciou e abriu para mim) através do véu (a cortina de separação do Santos dos Santos), isto é, através de sua carne (Hebreus 10. 19-20.)

Por minha causa, Deus fez Cristo tornar-se [virtualmente] pecado, Aquele que não conheceu pecado, para que nele e através dele eu pudesse tornar-me [dotado, visto como sendo, e exemplo da] justiça de Deus [o que devo ser, aprovado e aceitável e em correto relacionamento com Ele, pela sua bondade]. (2 Coríntios 5.21.)

Capítulo 4: Vencendo o medo
em sua vida

Porque Deus não me tem dado espírito de covardia (de timidez, amedrontamento, intimidação), mas de poder, de amor e de moderação (de uma mente calma e bem equilibrada, de disciplina e autocontrole). (2 Timóteo 2.7.)

Busquei (inquiri) o Senhor, e Ele me acolheu; livrou-me de todos os meus temores. (Salmos 34.4.)

Não deixo se turbar meu coração, nem se atemorizar [não me permito estar agitado e perturbado, ou estar amedrontado, intimidado, acovardado e inquieto]. (João 14.27.)

Em me vindo o temor, hei de confiar em ti (terei confiança e me apoiarei e dependerei de Ti).

Em Deus cuja palavra eu exalto, neste Deus ponho a minha confiança (eu me apóio, e confiantemente coloco minha fé) e nada temerei. Que me pode fazer um mortal (que é simples carne)? (Salmos 56.3-4.)

Não temo [não há nada a temer], porque Deus é comigo; não me assombro (não olho ao meu redor com terror e sinto-me desalentado), porque Tu és o meu Deus; Tu me fortaleces (e me robusteces nas dificuldades), me ajudas e me sustentas (me preservas) com a tua (vitoriosa) destra fiel (de retidão e justiça). (Isaías 41.10.)

[O próprio Deus] disse: De maneira alguma te deixarei (nunca falharei, desistirei de você ou o deixarei sem apoio), nunca jamais te abandonarei [**Não, nunca, nunca,** de maneira nenhuma te deixarei sem socorro ou te abandonarei, nem te soltarei. Certamente não!]. (Hebreus 13.5, grifo da autora.)

Assim, afirmo confiantemente (sou confortado, encorajado e ousadamente digo): O Senhor é o meu auxílio, não temerei (não serei capturado pela apreensão, não ficarei amedrontado, apreensivo ou aterrorizado); que me poderá fazer o homem? (Hebreus 13.6)

Não temo, pois estou seguro e sei que [tendo Deus como meu parceiro em minha obra], todas as coisas cooperam juntamente (e são ajustadas num plano) para o meu bem, porque amo a Deus e fui chamado de acordo com seu desígnio e propósito. (Romanos 8.28.)

O Senhor que me criou e me formou me diz: Não temas, porque eu te remi; chamei-te pelo teu nome, tu és meu. Quando passares pelas águas (e grandes problemas), eu serei contigo; quando, pelos rios (de dificuldades), eles não te submergirão; quando passares pelo fogo (de opressão), não te queimarás, nem a chama arderá em ti. Porque eu sou o Senhor, teu Deus, o Santo de Israel, o teu Salvador. (Isaías 43.1-3.)

Não temo, porque o medo produz tormento. (1 João 4.18.)

Em vez disso, tenho ousadia (coragem) e (livre) acesso (irrestrito a Deus, com liberdade e sem medo) com confiança, mediante a fé nele. Portanto, não desfaleço (não enfraqueço ou torno-me desanimado pelo medo). (Efésios 2.12, 13.)

Deus é o meu refúgio e fortaleza [poderosa e impenetrável contra a tentação], socorro bem presente (e comprovado) nas tribulações. Portanto, não temerei ainda que a terra se transtorne e os montes se abalem no seio dos mares. (Salmos 46.1-2.)

Serei forte (confiante) e corajoso, não temerei nem me espantarei, pois o Senhor, meu Deus, é comigo por onde quer que eu ande. (Josué 1.9.)

Não terei medo porque os olhos do Senhor estão sobre mim, porque eu o temo (reverencio e adoro com respeito), e aguardo (e anseio) por sua misericórdia (e benignidade). (Salmos 33.18).

Portanto, não me inquieto (não me preocupo ou estou ansioso) com o dia de amanhã, pois o amanhã trará os seus cuidados (preocupações); basta ao dia o seu próprio mal. (Mateus 6.34.)

Não temo porque não serei envergonhado; não me envergonho porque não sofrerei humilhação; pois me esquecerei da vergonha da minha mocidade e não mais me lembrarei do opróbrio da minha viuvez. Porque o meu Criador é o meu marido; o Senhor dos Exércitos é o seu nome; e o Santo de Israel é o meu Redentor; Ele é chamado o Deus de toda a terra. (Isaías 54.4.)

Quando sou tentado a ter medo e desalento em meu coração, digo a mim mesmo: Seja forte, não tema. Eis que o meu Deus virá com vingança, com recompensa de Deus; ele virá e me salvará. (Isaías 35.4.)

Eu não temo porque Deus tem me concedido as riquezas de sua glória para que eu seja fortalecido e robustecido com grande poder em meu homem interior pelo Espírito [Santo], (Ele mesmo habitando em meu interior e em minha personalidade). (Efésios 3.16.)

Louvarei ao Senhor e exaltarei o Seu Nome, porque pedi a sua ajuda e Ele me respondeu; Ele me livrou de todos os meus medos. (Salmos 34.4 – NTLH.)

Não temo porque no amor não existe medo [temor não existe]; antes, o perfeito (completo, pleno) amor lança fora (expele) o medo (todo o traço de terror). Ora, o medo produz tormento (o sentimento de punição); logo, não temo porque sou aperfeiçoado no amor (alcancei a plena maturidade e a completa perfeição no amor). (1 João 4.18.)

O Senhor é a minha luz e a minha salvação; de quem terei medo? O Senhor é a fortaleza da minha vida; a quem temerei? Quando malfeitores me sobrevêm para me destruir, meus opressores e inimigos, eles é que tropeçam e caem. Ainda que um exército se acampe contra mim, não se atemorizará o meu coração; e, se estourar contra mim a guerra, ainda assim terei confiança.

Pois, no dia da adversidade, ele me ocultará no seu pavilhão; no recôndito do seu tabernáculo me acolherá; elevarme-á sobre uma rocha. Agora, será exaltada a minha cabeça acima dos inimigos que me cercam. No seu tabernáculo, oferecerei sacrifício de júbilo; cantarei e salmodiarei ao Senhor. (Salmos 27.1-3; 5-6.)

Não temo porque, desde o primeiro dia em que apliquei o coração (e a minha mente) a compreender e a humilhar-me perante o meu Deus, foram ouvidas as minhas palavras; e, por causa das minhas palavras, Deus enviou seu anjo. (Daniel 10.12.)

Quando me levarem... perante os governadores e as autoridades, não me preocuparei quanto ao modo por que responderei, nem quanto às coisas que tiver de falar. Porque o Espírito Santo me ensinará, naquela mesma hora, as coisas que devo dizer. (Lucas 12.11-12.)

O Senhor é o meu pastor; nada me faltará.

Ele me faz repousar em pastos verdejantes. Leva-me para junto das águas de descanso.

Refrigera-me a alma. Guia-me pelas veredas da justiça por amor do seu nome.

Ainda que eu ande pelo vale da sombra da morte, não temerei mal nenhum, porque tu estás comigo; o teu bordão e o teu cajado me consolam.

Preparas-me uma mesa na presença dos meus adversários, unges-me a cabeça com óleo; o meu cálice transborda.

Bondade e misericórdia certamente me seguirão todos os dias da minha vida; e habitarei na Casa do Senhor para todo o sempre. (Salmos 23.1-6.)

CONCLUSÃO: PERMANEÇA FIRME!

Portanto, permanecerei firme na liberdade para a qual Cristo me libertou, e não me submeterei, novamente, a qualquer jugo de escravidão. (Gálatas 5.1.)

Não abandonarei minha confiança (destemida), porque ela tem um grande (e glorioso) galardão (recompensa). Pois necessito de paciência e perseverança, para que eu possa realizar e completar plenamente a vontade de Deus, e assim, receber e alcançar [e desfrutar da plenitude] daquilo que está prometido a mim. (Hebreus 10.35-36.)

Referências

A menos que seja indicada outra fonte, as citações bíblicas são da versão *Almeida Revista e Atualizada,* 2ª edição da Sociedade Bíblica do Brasil. Sempre que necessário, para melhor compreensão do texto, foram acrescentadas adições entre parênteses e colchetes traduzidas da versão *Amplified Bible* (Bíblia Amplificada – AMP), versão ainda não traduzida para o português.

Outras versões mencionadas:

TLB – The Living Bible

NTLH – Nova Tradução da Bíblia na Linguagem de Hoje

Joyce Meyer é uma das líderes no ensino prático da Bíblia no mundo. Renomada autora de bestsellers pelo *New York Times*, seus livros ajudaram milhões de pessoas a acharem esperança e restauração através de Jesus Cristo.

Através dos *Ministérios Joyce Meyer*, ela ensina sobre centenas de assuntos, é autora de mais de 80 livros e conduz aproximadamente 15 conferências por ano. Até hoje, mais de 12 milhões de seus livros foram distribuídos mundialmente, e em 2007 mais de 3.2 milhões de cópias foram vendidas. Joyce também tem um programa de TV e de radio, *Desfrutando a Vida Diária*®, o qual é transmitido mundialmente para uma audiência potencial de 3 bilhões de pessoas. Acesse seus programas a qualquer hora no site www.joycemeyer.com.br

Tendo sofrido abuso sexual quando criança e a dor de um primeiro casamento emocionalmente abusivo, Joyce descobriu a liberdade de viver vitoriosamente aplicando a Palavra de Deus à sua vida, e deseja ajudar que os outros façam o mesmo. Desde sua batalha com câncer no seio até as lutas da vida diária, ela fala aberta e praticamente sobre sua experiência de modo que outros possam aplicar o que ela aprendeu às suas vidas.

Durante os anos, Deus proveu a Joyce com muitas oportunidades de compartilhar o seu testemunho e a mensagem de mudança de vida do Evangelho. De fato, a revista *Time* a selecionou como uma das mais influentes líderes evangélicas na America. Ela é um incrível testemunho do dinâmico e restaurador trabalho de Jesus Cristo. Ela crê e ensina que, independente do passado da pessoa ou dos erros cometidos no passado, Deus tem um lugar para elas, e pode ajudá-las em seus caminhos para desfrutarem a vida diária.

Joyce tem um merecido PhD em teologia obtido da Universidade Life Christian em Tampa, Florida; um honorário doutorado em divindade da Universidade Oral Roberts University em Tulsa, Oklahoma; e um honorário doutorado em teologia sacra da Universidade Grand Canyon em Phoenix, Arizona. Joyce e seu marido, Dave, são casados há mais de quarenta anos e são pais de quarto filhos adultos. Dave e Joyce Meyer vivem atualmente em St. Louis, Missouri.